BRIN-D'AMOUR

OPÉRETTE

PAR

M. ACHILLE LAFONT

MUSIQUE DE

M. LOUIS HEFFER

Représentée pour la première fois, à Paris, sur le théâtre des
Folies-Nouvelles, le 23 septembre 1857.

PRIX : 60 CENTIMES

PARIS
MICHEL LÉVY FRÈRES, LIBRAIRES-ÉDITEURS
RUE VIVIENNE, 2 BIS

1857

BRIN-D'AMOUR

OPÉRETTE

PAR

M. ACHILLE LAFONT

MUSIQUE DE

M. LOUIS HEFFER

Représentée pour la première fois, à Paris, sur le théâtre des
Folies-Nouvelles, le 23 septembre 1857.

PRIX : 60 CENTIMES

PARIS
MICHEL LÉVY FRÈRES, LIBRAIRES-ÉDITEURS
RUE VIVIENNE, 2 BIS

1857

BRIN-D'AMOUR

OPÉRETTE

PAR

M. ACHILLE LAFONT

MUSIQUE DE

M. LOUIS HEFFER

Représentée pour la première fois, à Paris, sur le théâtre des Folies-Nouvelles, le 23 septembre 1857.

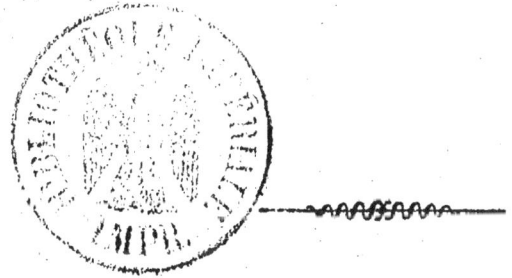

PARIS
MICHEL LÉVY FRÈRES, LIBRAIRES-ÉDITEURS
RUE VIVIENNE, 2 BIS
—
1857

DISTRIBUTION DE LA PIÈCE :

BRIN-D'AMOUR......................	MM. Tissier.
RÉMY.............................	Dupuis.
NICETTE..........................	Mlle Menneray.

Nota. — S'adresser pour la musique à M. Honoré, rue d'Anjou-Dauphine, 10. Le répétiteur sera envoyé, sans frais, à MM. les directeurs de province qui se proposeraient de représenter la pièce.

Les personnages sont inscrits en tête de chaque scène, dans l'ordre où ils doivent être placés relativement au spectateur : le premier à sa gauche, etc. Les mouvements de scène sont indiqués par des astérisques.

Paris. — Typ. Monnis et comp., rue Amelot, 64.

BRIN-D'AMOUR

La scène se passe auprès d'une ferme dont l'entrée est à droite du spectateur. — A gauche, une table ronde et deux escabeaux près d'un arbre. — Au fond, la campagne, et, à droite, un talus.

SCÈNE PREMIÈRE.

NICETTE, *dans la coulisse, puis paraissant sur le talus après les quatre premiers vers.*

Aux feux du jour naissant
Que la nature est belle!
Comme un réseau d'argent
La rosée étincelle.
C'est l'heure où le troupeau
Dont tinte la clochette,
Au son de la musette,
S'éloigne du hameau.

(*Elle descend la scène.*)

Déjà l'oiseau chanteur
S'éveille dans la plaine;
Déjà du laboureur
J'entends la voix lointaine.
Un nuage vermeil
Flotte sur la montagne,
Et toute la campagne
S'inonde de soleil!

(*Elle se dirige du côté de la ferme.*)

SCÈNE II

RÉMY, NICETTE.

RÉMY, *paraissant à gauche et chantant. Nicette s'arrête.*

Qu'ai-je entendu? Ma Nicette fidèle
Revient... heureux moment!
Qu'il m'est doux (*bis*) d'écouter son chant!

REPRISE.

Aux feux du jour naissant,
Etc., etc.

RÉMY, s'approchant de Nicette.

Bonjour, mamzelle Nicette.

NICETTE.

Ah! c'est vous, Rémy?

RÉMY.

Oui, c'est bien moi; vous avez deviné juste. Comme ça, vous v'là donc revenue de chez votre beau-frère du village ici près?... Il s'en fait temps, depuis dix jours!

NICETTE.

Mon beau-frère a fini sa fenaison, il n'a plus besoin de moi.

RÉMY.

Tant mieux, tant mieux!... Et les foins sont-ils beaux par là-bas?

NICETTE.

A peu près comme ici. (Fausse sortie.)

RÉMY.

Tant mieux, tant mieux! Eh ben! où allez-vous donc si vite?

NICETTE.

Je vas retrouver mon parrain.

RÉMY.

Ah! ben oui, votre parrain... il est sorti à la fine pointe du jour avec ses bœufs... Ils sont tous trois en train de labourer, à l'heure qu'il est. Ainsi donc, nous avons le temps de causer un brin, et de parler de l'attache que j'ai pour vous.

NICETTE.

Vous m'aimez donc toujours?

RÉMY, avec passion.

Oh! c'est-à-dire que je m'abrutis à penser à vous tout le jour, et même la nuit quand je dors...

NICETTE.

Rémy, les amoureux ne dorment pas.

RÉMY.

Tiens! pourquoi donc?

NICETTE.

Parce qu'ils sont inquiets, jaloux... qu'ils ont toujours la puce à l'oreille.

RÉMY.

Ce n'est pas les puces qui me manquent. N'ayez crainte : nous allons faire un joli petit ménage. Ça tient toujours, n'est-ce pas? C'est la semaine qui vient que nous allons nous faire unir : j'ai déjà porté mon extrait de naissance.

NICETTE.

Pourquoi votre extrait de naissance?

RÉMY.

On me l'a demandé, et on vous demandera aussi le vôtre, parce que, pour pouvoir nous marier, il nous faut d'abord prouver que nous sommes nés. Vous me ferez plaisir de porter le vôtre demain; vaut mieux plus tôt que plus tard, puisque vous devez m'épouser. Vous ne vous dédirez pas, au moins?

NICETTE.

Mais non... d'autant que vous êtes le seul garçon du village.

RÉMY.

Et vous la seule fille; ça fait que nous nous sommes choisis, et que nous allons nous marier; sans quoi nous risquerions de rester garçons toutes les *deusse*. Du reste, tout le monde trouve que ça corde parfaitement : vous êtes berger et moi bergère... ou plutôt c'est moi qui suis bergère et vous berger... enfin, vous comprenez... Pour ce qui est de l'inducation, c'est encore tout pareil : vous avez été à l'école, moi mêmement.

NICETTE.

Vous? vous ne savez seulement pas lire.

RÉMY.

Oui; mais je suis été à l'école. C'est vrai que j'y suis été qu'une fois, parce que ça m'ennuyait. Mais n'empêche pas que lorsque nous serons mariés, vous allez voir comme je ferai votre bonheur, et le mien avec!

COUPLETS :

I.

J'content'rai vos désirs,
Et votre âme joyeuse
Aura tous les plaisirs
Qui font un' femme heureuse.
Comm' nous allons nous en donner,
A moissonner!

BRIN-D'AMOUR.

De la forêt prochaine,
Chaqu' jour d' la s'maine,
Nous rapport'rons sur l' dos
    De grands fagots.

II.

Pour que j' sois l' plus coquet
A la fêt' du village,
Vous m' f'rez un beau gilet
De ce gentil corsage;
Et puis je vous amènerai
    Dans le grand pré ;
Là, nous r'gard'rons la danse,
Et, sans dépense,
Nicette, vous verrez
    Comm' vous rirez !

A propos, je suis là à roucouler, et j'oublie une commission qu'on m'a donnée. Faut que j'aille tout de suite *sarcher* la sage-femme pour la Claudine qu'est en train de se propager. Paraît que ça presse. (Bruit de tambour au fond.)

NICETTE, montant au fond.

Qu'est-ce donc ?

RÉMY.

Ça ? je crois que c'est un tambour.

NICETTE.

Mais que signifie ?... *

RÉMY.

Ah ! c'est que vous ne savez pas... Il est de fait que depuis les dix grands jours que vous êtes restée chez votre beau-frère, il s'est passé bien du nouveau, allez !

NICETTE.

Quoi donc ?

RÉMY.

Voici : il paraît que les soldats du roi sont en guerre par ici ; je ne sais pas pourquoi... ni *eusse* non plus... On appelle ça une guerre d'intestins... Ça tient à la *poule étique*. Eh ben ! pour lors, on s'est un peu tarabusté près du village, et nous avons, depuis hier, des troupes du roi, des gardes-françaises. Mais, grâce à Dieu, ils repartiront bientôt.

NICETTE.

Tiens, tiens !... Et c'est-y gentil ces gardes-françaises ?

* Nicette, Rémy.

RÉMY.

Voilà toujours les femmes ! (Il l'imite.) *C'est-y gentil ?...* (A part.) Soyons fin. (Haut.) C'est très-laid, très-laid, mamzelle Nicette : figurez-vous des gens qui ont de la farine plein les cheveux; des habits qui les coupent en deux. (Il indique la ceinture.) Avec ça qu'ils ont encore, pour les serrer plus fort, une espèce de sous-ventrière, ousqu'est attaché un grand sabre : voilà leur *pourtrait*. Et maintenant, à revoir, parce que je suis pressé. (On entend fredonner Brin-d'Amour. Nicette monte au fond.)

NICETTE.

Je crois qu'en voici un ?

RÉMY, la prenant par le bras.

Alors, rentrez tout de suite. C'est des gens effrontés, qui jurent, qui pipent, qui boivent de l'eau-de-vie, qui battent les femmes; enfin, de vrais diables! Rentrez, rentrez ! (Il la pousse chez elle, à droite.)

SCÈNE III.

Les Mêmes, BRIN-D'AMOUR.

BRIN-D'AMOUR, entrant de gauche.

Dieu ! la jolie poulette ! (Il va à Nicette.) Eh ben ! vous me fuyez, la belle enfant ?

NICETTE.

Je vas chez mon parrain.

BRIN-D'AMOUR.

De grâce, un instant. (Rémy vient au milieu.) Est-ce que Mars ferait peur à Vénus ?

RÉMY, à Nicette.

Venez, mamzelle. (A Brin-d'Amour.) Nous rentrons chez notre parrain. (Il pousse Nicette.)

BRIN-D'AMOUR.

Comment ! (Faisant pirouetter Rémy.)* Tu peux rentrer si tu veux, pastoureau, je ne te retiens aucunement ; mais vous, ça serait dommage... un si gentil minois ! (Il lui passe la main sous le menton.)

RÉMY, à part.

Bon ! voilà qu'y regarde si elle a de la barbe, à présent !

* Rémy, Brin-d'Amour, Nicette.

BRIN-D'AMOUR.

Dites-moi votre joli petit nom.

RÉMY.

Rémy Patochard.

BRIN-D'AMOUR.

Ce n'est point à toi que je m'adresse, butor!

NICETTE.

Je m'appelle Nicette, pour vous servir.

RÉMY, en colère.

Ça m'asticote de le sentir là, ça m'asticote.

NICETTE, à Rémy.

Eh bien! Rémy, et votre commission chez la sage-femme? ça presse...

RÉMY.

C'est vrai... oui... j'y vas.* (Bas à Nicette.) Et vous, rentrez, mamzelle Nicette; faut se méfier; c'est de vrais diables, que je vous dis.

NICETTE.

Des diables?... Mais je ne lui vois pas de cornes.

RÉMY.

C'est égal : il y a beaucoup de gens qui en ont, et que ça ne se voit pas du tout. Méfiez-vous! (Haut.) Moi, je cours ben vite au village, chez la sage-femme. (A part.) Cristi, que ça m'asticote! (Fausse sortie.)

BRIN-D'AMOUR.

A propos, Rémy Fa-sol?

RÉMY, revenant.

Rémy Patochard.

BRIN-D'AMOUR.

Comme il me serait infiniment agréable de déjeuner sous cet ombrage, (Il indique le bosquet.) et que tu vas passer devant l'auberge du *Canard Amoureux*... apporte-moi z'à ton retour un déjeuner quelque peu *sustantiel*.

RÉMY.

Que non pas, par exemple!

BRIN-D'AMOUR.

C'est comme ça que vous entendez ici l'*hostipalité!*... Ah! ben!...

* Brin-d'Amour, Rémy, Nicette.

NICETTE.

Voyons, Rémy, faut pas donner mauvaise opinion du pays; faut être empressé avec les étrangers... (Le tapotant sur la joue.) Soyons gentil.

BRIN-D'AMOUR, même jeu, de l'autre côté.

Mais oui, qu'il est ben gentil... le petit.

RÉMY.

Alors, c'est pour vous faire plaisir... (A Nicette.) à vous! (A part.) pas à toi, brigand!

BRIN-D'AMOUR.

Tu demanderas un perdreau z'aux truffes, pour deux.

RÉMY.

Mais vous êtes seul!

BRIN-D'AMOUR.

Mamzelle me fera l'honneur d'accepter simultanément.

NICETTE.

Oh! non, merci, monsieur le soldat.

RÉMY.

Non, merci, monsieur le soldat; nous n'acceptons pas si multanément... Alors je demanderai pour un?

BRIN-D'AMOUR.

Pour deux! Quand il y en a pour deux, il y en a pour un. Et du dessert... dépêche!

RÉMY.

Je ne sais pas si j'en trouverai.

BRIN-D'AMOUR.

Du dessert, imbécile : des biscuits, des quatre-mendiants.

RÉMY, en montant.

Oui, monsieur le tapin.

BRIN-D'AMOUR.

Appelle-moi Brin-d'Amour : c'est mon nom!

RÉMY.

Brin-d'Amour?

BRIN-D'AMOUR.

Voyons, marche, et ne manque pas d'aller à l'auberge!

RÉMY.

Mais... (Brin-d'Amour remue la poignée de son sabre.) Ce n'est pas votre sabre qui me fait peur, au moins! J'y vas parce que je le veux bien. (Même jeu de Brin-d'Amour. Rémy recule effrayé et sort.)

SCÈNE IV.

BRIN-D'AMOUR, NICETTE.

BRIN-D'AMOUR.
Cet olibrius est véritablement *caucase*.

NICETTE.
C'est mon prétendu.

RÉMY, revenant.
Si j'y vas, c'est que ça me fait plaisir, entendez-vous? (Il sort.)

BRIN-D'AMOUR.
Ah! vous vous mariez? En ce cas, recevez mes compliments... de condoléance. (Il l'embrasse.) Vous permettez?

NICETTE.
Mais, monsieur?

BRIN-D'AMOUR.
Ça se fait dans les compliments. N'importe, il n'est point beau votre prétendu... Ce n'est pas précisément l'Apollon du Réverbère. Et vous aimez ça?

NICETTE.
Pardine, quand on se marie, faut ben aimer son homme.

BRIN-D'AMOUR, à part.
Petit mouton!

NICETTE.
D'ailleurs, c'est un brave garçon.

BRIN-D'AMOUR.
Possible... mais l'air fièrement nigaudinos.

NICETTE.
C'est vrai qu'y ne peut pas être aussi instruit que vous.

BRIN-D'AMOUR.
Oh! je le crois sans peine!... Savez-vous que tel que vous me voyez, j'ai z'été en résidence au château de Versailles, ousque j'ai pris l'habitude de parler le beau langage de la cour, et il n'est pas piqué des z'hannetons le langage de la cour, nom d'une pipe! Aussi bien, ça m'a valu d'arriver à un grado un peu z'huppé, je m'en flatte.

NICETTE.
Colonel?

BRIN-D'AMOUR.

Mieux que ça... tambour. Et je n'en changerais pas pour tout au monde !

NICETTE.

Vraiment ?

BRIN-D'AMOUR.

C'est comme j'ai l'honneur...

AIR :

Métier charmant,
Où la gloire abonde,
Et qui fait du bruit dans le monde :
En est-il un plus beau, vraiment ?

I.

Je marche avant le capitaine,
Avant les adjudants-majors ;
Je marche à la tête du corps,
Et si le commandant le mène
Sur son cheval bien fièrement,
Moi je mène le commandant,
Et je le mèn' tambour battant,
Ra pataplan !
Plan, plan !

II.

Quand l'horizon blanchit à peine,
Aux premiers rayons du matin,
Pour réveiller le camp, soudain
J'prends ma baguette souveraine.
C'est moi le premier qu'on entend :
C' qui prouve encor conséquemment
Que j' suis le coq du régiment !
Ra pataplan,
Plan, plan !

Vous le voyez, Nicette, grade superbe !... Et je n'aurais rien à désirer si Cupidon ne m'avait point percé le cœur d'une de ses flèches *macérées*.

NICETTE.

Qui ça, Cupidon ?

BRIN-D'AMOUR.

C'est le fils à Vénus.

NICETTE.

Qu'est-ce que c'est que Vénus ?

* Nicette, Brin-d'Amour.

BRIN-D'AMOUR.
C'est la mère à Cupidon.

NICETTE.
Je ne connais que Rémy.

BRIN-D'AMOUR.
Ce n'est pas la même chose ; il ne peut même pas vous donner la moindre idée de Cupidon. Ah! si c'était un effet de votre part de l'oublier et d'avoir l'incondescendance d'écouter mes soupirs !

NICETTE.
C'est impossible, puisque j'épouse Rémy... Et, d'ailleurs, je n'aimerai jamais un soldat.

BRIN-D'AMOUR.
Comment donc ?

NICETTE.
Des hommes emportés, méchants, qui battent les femmes!

BRIN-D'AMOUR.
Pas le moindrement, je vous assure. Je ne bats jamais que le tambour, et si...

SCÈNE V.

RÉMY, NICETTE, BRIN-D'AMOUR.

RÉMY, accourant avec un panier de provisions.
Voilà! voilà !

BRIN-D'AMOUR.
On vous remercie de la peine. (A part.) Mais le diable t'emporte ! (Il va vers la table.)*

NICETTE, à Rémy.
Et votre commission pour la Claudine... avez-vous trouvé la sage-femme?

RÉMY.
Non ; mais j'ai trouvé son frère, et je l'ai envoyé à la place : c'est toujours de la famille, ce sera tout comme. (Bas à Nicette.) J'ai à vous dire une affaire importante.

NICETTE.
Eh bien! parlez.

RÉMY, désignant Brin-d'Amour.
Quand il ne sera plus là.

* Brin-d'Amour, Rémy, Nicette.

BRIN-D'AMOUR, à part.

Qu'ont-ils donc à suchotter? (Rémy tousse en se voyant observé.) Tu es bien enrhumé, Chapotard!

RÉMY, avec embarras.

Non pas... c'est que je tousse... à cause de l'air qui vient par la porte.

BRIN-D'AMOUR, découvrant le plat.

Qu'est-ce que c'est que ça? Je t'avais demandé un perdreau z'aux truffes...

RÉMY, prenant le boudin, qu'il dépose ensuite en se léchant les doigts.

Voici : seulement, n'en avant pas, on a remplacé le perdreau par un boudin, et les truffes par des pommes de terre... A part ça, c'est la même chose.

BRIN-D'AMOUR, en colère.

Tonnerre!... Et les quatre-mendiants?

RÉMY.

Je n'en ai trouvé que trois... Faut-il les aller chercher?

BRIN-D'AMOUR.

Et le vin?

RÉMY.

Quel vin? Vous ne m'aviez pas dit...

BRIN-D'AMOUR.

Tu veux donc que je meure de soif, et que j'étouffe en mangeant?

RÉMY.

Par exemple! (A part.) Certainement que j'en serais pas fâché.

BRIN-D'AMOUR.

Va donc chercher le liquide.

NICETTE.

C'est pas la peine... Il y en a chez mon parrain : je vas vous en apporter...

RÉMY, à part.

Bonne occasion pour lui dire mon secret! (Haut, à Nicette.) Je vous aiderai, mamzelle.

NICETTE, le repoussant.

Je n'ai pas besoin. Faites compagnie à monsieur. (Elle sort.)

SCÈNE VI.

BRIN-D'AMOUR, RÉMY.

RÉMY, d'un air mécontent.

Ah!

BRIN-D'AMOUR, l'imitant.

Ah!... tu peux te vanter d'être aimable!

RÉMY.

Je m'en vante!

BRIN-D'AMOUR.

Tonnerre!... si tu étais sous ma coupe dans le régiment!... Tu es t'heureux d'avoir eu un bon numéro.

RÉMY.

Moi? par exemple! J'ai attrapé le numéro un! Mais on m'a trouvé malpropre pour le service militaire.

BRIN-D'AMOUR.

Tu m'as l'air pourtant pas mal constitué.

RÉMY.

Oh! pour ce qui est du constitutionnel, c'est pas sa faute... Je ne suis point parti rapport à ce que mon père étant mort sans enfants... je me suis trouvé fils de veuf... Mais à cette heure... je ne le suis plus... vu que ma mère est décédée, il y a six mois, en accouchant de mon frère aîné.

BRIN-D'AMOUR, riant.

En voilà un qui a l'intelligence épaisse!

RÉMY.

C'est ce qui vous trompe... Tout le monde dit, au contraire, que j'en ai pas épais. (A part.) Hein? comme je lui rive son clou!

SCÈNE VII.

LES MÊMES, NICETTE.

NICETTE, allant déposer sur la table une bouteille et un verre.

Je vous apporte une bouteille du bon coin*.

RÉMY, prenant la bouteille et la montrant à Brin-d'Amour.

C'est vrai, il y a des araignées! Voyez-vous, militaire, toutes les fois que vous verrez des araignées après une bouteille, vous pouvez dire que c'est du bon coin. Faut croire que ça aime le bon vin, les araignées.

* Nicette, Rémy, Brin-d'Amour.

BRIN-D'AMOUR.

Je suis vraiment confus de vos attentillions...

RÉMY.

Vous êtes bien bon.

BRIN-D'AMOUR, écartant Rémy et allant vers Nicette*.

Ce n'est pas à toi que je parle. (A Nicotte.) Comment vous remercillier? (Il l'embrasse.) Ça se fait pour remercillier.

RÉMY, l'arrêtant.

Ah! mais?

BRIN-D'AMOUR.

Je te dis que ça se fait. (Il le pousse.)

RÉMY, à part.

Oh! si j'avais du courage... et un sabre! Gredin!

BRIN-D'AMOUR.

Puis-je espérer momentanément que vous serez assez gentille pour me faire celui d'accepter un biscuit, un simple biscuit... ça ne tire point à inconséquence. (A Rémy.) Va chercher un verre pour mademoiselle Nicette.

RÉMY.

Et un pour moi. (Il s'irrite en voyant que Brin-d'Amour fait la cour à Nicette.) Oh! je suis t'y agacé! (Il entre à droite.)

BRIN-D'AMOUR, présentant un escabeau à Nicette.

Là, je vous en prie, seyez-vous, ça se fait encore, ma bergerette, ça se fait à la cour... où tout le monde a un tabouret. (On entend un bruit de verres cassés.) Eh bien! que y a-t-il?

RÉMY, entrant avec deux verres à la main.

Ce n'est rien... Vous savez, mademoiselle Nicette, qu'il y avait des verres sur la planche; comme je les prenais, il y en a quelques-uns qui m'ont fait l'effet comme si qui tombaient. Mais il en reste. (Il en dépose deux.)

BRIN-D'AMOUR, regardant les verres.

Bien! il y a des araignées... C'est encore du bon coin, à ce qu'il paraît. (A Rémy.) Essuie-moi ça, Cabochard. (Il mange.)

RÉMY.

Patochard! (Il mouille le verre avec sa salive et l'essuie avec son mouchoir. — A part en observant Brin-d'Amour.) Mange-t-il, le sans-cœur! (A Brin-d'Amour en lui donnant le verre.) Voilà qui est fait.

---

* Nicette, Brin-d'Amour, Rémy.

BRIN-D'AMOUR.

Maintenant, à boire! (Il verse à boire à Nicette. Rémy se sert lui-même.)

TRIO.

ENSEMBLE.

Remplissons notre verre :
Des soucis de la terre
C'est le tombeau vermeil.
O charme sans pareil!
O liqueur douce et chère!
Le vin c'est la santé,
La fierté, la gaîté, la bonté,
Et...
Remplissons notre verre,
Etc., etc.

BRIN-D'AMOUR.
A votre santé, ma charmante.

RÉMY, *à Nicette*.
A la vôtre pareillement.

NICETTE.
Recevez mon remerciment.

BRIN-D'AMOUR.
Et voulez-vous que je vous chante
Une chanson du régiment?

NICETTE.
Oui, vraiment.

RÉMY.
Non, vraiment :
Ces chansons-là sont trop gaillardes.
(*A Nicette.*) Croyez-moi, soyons sur nos gardes ;
Je crains pour not' pudeur... ne lui permettons pas.

NICETTE.
Vous entendez?

BRIN-D'AMOUR.
Soyez contente;
Je choisis la plus innocente :
C'est la chanson d' *la Femme à Nicolas*.

ENSEMBLE.
Écoutez
Écoutons } la chanson d' *la Femme à Nicolas*.

CHANSON.

PREMIER COUPLET.

Voulez-vous, ma chère femme,
Vous promener avec moi?
Je vous promets, sur ma foi,
Deux baisers remplis de flamme.
Voulez-vous? (*bis.*)

— Non, non, non, mon bonhomme,
Non, non, je ne veux pas ;
Non, non, non, je ne veux pas ;
Non !
Et voilà comme
Répond la femme à Nicolas.

DEUXIÈME COUPLET.

Venez, je vous en supplie,
Mon doux bibi, mon p'tit cœur ;
D'un ineffable bonheur
Vous aurez rempli ma vie.
Venez-vous ? (*bis*.)
— Non, non, non mon bonhomme ;
Non, non, je n'irai pas ;
Non, non, non, je n'irai pas ;
Non !
Et voilà comme
Répond la femme à Nicolas.

TROISIÈME COUPLET.

Si tu ne viens pas, mâtine,
De mon bâton, sur ton dos,
Je fais au moins dix morceaux.
Gare au roulement, coquine !
Partons-nous ? (*bis*.)
— Oui, oui, cher petit homme,
Oui, oui, je suis vos pas,
Oui, oui, oui, je suis vos pas ;
Oui !
Et voilà comme
Faut prendr' la femme à Nicolas.
(*On entend un roulement de tambour.*)

BRIN-D'AMOUR.

Voici la ronde du colonel. Probablement qu'on va nous donner l'ordre du départ.

NICETTE.

Ah !

BRIN-D'AMOUR.

Alors pour lors, si je ne vous revoyais pas, mamzelle Nicette, recevez.. (Il veut l'embrasser, Rémy le retient.)

RÉMY, lui tapant sur l'épaule.

Ah ! mais tâchez de revenir, monsieur Grain-d'Amour ; votre camp est à deux pas.

BRIN-D'AMOUR, à part.

Tiens ! c'est lui qui m'engage... c'est singulier ! (Haut.) Alors pour lors, je tâcherai moyen de faire en sorte... Mais au casse qu'où je n'aurais pas celui de vous revoir... recevez l'expressillion... (Il embrasse Nicette.)

RÉMY, le retenant.

Dites donc, vous ?

BRIN-D'AMOUR.

C'est pour les adieux... c'est le tableau final.

RÉMY.

Alors, permettez que moi-même. (Il veut embrasser Brin-d'Amour.)

BRIN-D'AMOUR, le repoussant.

Allons donc !

RÉMY.

Tâchez de revenir, hein ?

BRIN-D'AMOUR.

Certainement ; à bientôt, mademoiselle Nicette. A revoir, Crapochard. (Il sort.)

RÉMY, remontant.

Patochard !

SCÈNE VIII.

NICETTE, RÉMY.

RÉMY.

Dites donc, Nicette, vous ne savez pas ?

NICETTE.

Quoi ?

RÉMY.

Il nous arrive un événement bien fameux pour moi et pour vous... Nous allons avoir une dot superbe... une dot de roi... deux cents t'écus ?

NICETTE.

Vraiment ?

RÉMY.

C'est comme je vous dis. J'ai trouvé tout à l'heure au *Canard Amoureux* quelques officiers des ennemis au tambour. Comme je leur ai conté qu'il était ici, ils m'ont dit que les gardes-françaises devaient partir aujourd'hui, et que si nous pouvions savoir par le tapin en question le chemin qu'ils prendrient, eux autres pourrient préparer une petite *emmuscade*. Tout ce que j'ai à faire, c'est de leur y donner le renseignement.

NICETTE.

Oh ! ce serait affreux !

RÉMY.

Comment, affreux ! deux cents t'écus ! un fameux sac !... je les refuserais ?... Oh ! que non pas ? C'est-à-dire que je vas tout de suite aller à la rencontre du garde-française, pour lui soutirer la chose. (Il monte la scène.)

NICETTE.

Attendez! (A part, comme saisie d'une idée.) Oui, c'est le seul moyen d'empêcher une pareille trahison! (Haut à Rémy.) Voyons, réfléchissez encore.

RÉMY.

C'est tout réfléchi : deux cents t'écus!

NICETTE, feignant de se laisser convaincre.

Je ne dis pas!... c'est un beau denier.

RÉMY.

Ça vaut du bien au soleil. (A part.) Elle y viendra... On est fin ou on ne l'est pas.

NICETTE.

Après tout, nous ne sommes d'aucun parti dans cette guerre...

RÉMY.

Absolument d'aucun.

NICETTE.

Et pour une petite trahison.....

RÉMY.

Oh! mon Dieu, une toute petite trahison de rien du tout.

NICETTE.

Nous serions heureux!

RÉMY.

Comme des coqs sans pattes!

NICETTE.

Comment?

RÉMY.

Comme des coqs sans pattes... je n'en ai jamais vu, mais c'est un mot qui se dit... Je vas ben vite trouver le tapin.

NICETTE, l'arrêtant.

Vous ne réussirez pas?

RÉMY.

Tiens, pourquoi donc?

NICETTE.

Parce qu'avec vous, ben sûr que M. Brin-d'Amour se défiera..... Vous avez l'air fin naturellement...

RÉMY.

Ça, c'est vrai.

NICETTE.

Et puis, il sait que vous êtes allé à l'auberge où sont les officiers ennemis...

RÉMY.

C'est encore vrai.

NICETTE.

Au lieu qu'il n'aurait pas tant de motifs de soupçon si un autre lui demandait.....

RÉMY.

Mais, oui dà... vous, par exemple.

NICETTE.

Il est certain qu'il ne se défierait pas du tout d'une femme.

RÉMY.

Eh ben! c'est entendu. M. Brin d'Amour reviendra sûrement : vous lui demanderez, hein? (Nicette fait un signe affirmatif. A part.) J'en fais tout ce que je veux... (Haut.) Moi, je vas me retirer à l'écart; vous me ferez signe dès lors qu'il vous aura dit la chose, pour que j'aille avertir à l'auberge.

NICETTE.

Quel signe faudra-t-il faire?

RÉMY.

Mon Dieu! la première chose venue. (Il réfléchit.) Ah! vous savez qu'il n'y a que deux chemins pour partir de ce village : (Montrant la droite.) Celui de Blavosy, (Montrant la gauche.) et celui de Chantillac. Vous viendrez par ici. (Il va vers le fond de la scène.) S'ils doivent aller à Blavosy, vous tiendrez votre mouchoir de la main droite, (Indiquant avec son mouchoir.) de cette manière : — Ça, c'est la main droite. S'ils passent par Chantillac, vous le tiendrez de la main gauche, ainsi : (Montrant sa main gauche.) Ça c'est la main gauche, parce que l'autre c'est la main droite. Alors, j'irai de suite à l'auberge pour donner la nouvelle.

NICETTE.

C'est entendu.

RÉMY.

Et je vous apporterai les deux cents t'écus; de manière qu'en m'épousant, Nicette, vous pourrez vous vanter d'avoir un joli magot. (A part.) On est fin! (Il sort.)

SCÈNE IX.

NICETTE, puis BRIN-D'AMOUR.

NICETTE, seule.

Quelle indignité! Oh! maintenant je déteste Rémy. Heureusement je puis tout empêcher.

BRIN-D'AMOUR, entrant par la gauche.

Je reviens prendre congé, ma belle enfant.

NICETTE.*

Et j'en suis bien contente, car ça me permet de vous prévenir d'un danger.

BRIN-D'AMOUR.

Un danger !... Parlez, Nicette.

NICETTE.

A une condition pourtant, c'est que vous ne ferez aucun mal à Rémy. Voyez-vous, c'est un garçon sans malice, dont on fait tout ce qu'on veut, tout ça parce qu'il est un peu...

BRIN-D'AMOUR.

Un peu bête... il l'est extrêmement. Eh bien ! je vous promets de ne pas lui ôter z'un cheveu de la tête.

NICETTE.

En ce cas, je vas tout vous dire : vous devez partir aujourd'hui, n'est-ce pas?

BRIN-D'AMOUR.

Dans un quart d'heure, nous filons vers Chantillac. (Il indique la gauche.)

NICETTE.

Chut ! voilà justement ce que veulent savoir les ennemis : ils l'ont dit à l'auberge.

BRIN-D'AMOUR.

Ah ! les brigands ! et ils ont chargé le Patachard de la commission ! C'est donc ça qu'il voulait me faire revenir... Je me doutais bien aussi qu'il y avait anguille *sous cloche*. Mais vous n'avez pas voulu tremper... C'est bien ça ! Vous êtes une femme d'honneur dont à laquelle on doit s'incliner devant !

NICETTE.

Maintenant, c'est pas tout : il faut faire aller vos ennemis sur une route opposée à celle que vous prendrez, pour que vous soyez en sûreté. (Elle monte et agite son mouchoir de la main droite.)

BRIN-D'AMOUR.

Bonne idée !... vous nous avez sauvés, mon enfant ; et à présent que la mèche est *éventrée*, nous pourrons partir sans danger.

NICETTE, tristement.

C'est vrai, vous allez partir...

BRIN-D'AMOUR.

Ah ! mon Dieu, oui .. Il n'y a point à *tortillière*, il faut vous *quittère*... Cristi ! que ça me fait donc de la peine !...

* Nicette, Brin-d'Amour.

Mais vous, ça vous est bien plus inférieur qu'à moi... vu que vous allez épouser le Tapochard que vous aimez.

NICETTE, d'un air de doute.

Je l'aime ?...

BRIN-D'AMOUR.

Vous me l'avez dit... Tandis que pour moi vous n'avez pas la moindre *vieilléléité*.

NICETTE.

Je...

BRIN-D'AMOUR.

Vous me l'avez dit encore.

NICETTE, avec embarras et timidité.

Dam... peut-être ben que je me trompais.

COUPLETS.

I.

Je détestais les militaires,
Je leur croyais mille défauts :
On m' disait qu'ils étaient sévères,
Joueurs, débauchés et brutaux.
Oh! maintenant, je vous l'atteste,
Contre eux je n'ai plus de courroux.
Je ne sais pas qui je déteste,
Mais... ben sûr que ça n'est pas vous.

II.

J'aimais le berger du village,
C' pauvr' Rémy qu' vous connaissez ;
Je lui trouvais l'air doux et sage,
Le cœur bon, les soins empressés ;
Ce sentiment n'est plus le même,
Un autr' le remplace aujourd'hui :
Je n' puis nommer celui que j'aime ;
Mais... ben sûr que ça n'est pas lui.

BRIN-D'AMOUR, avec chaleur.

Comment donc! j'aurai le bonheur et la *facilicité!* Alors, je n'y vas pas par quatre chemins : Voulez-vous entrer au régiment? vous serez vivandière pour commencer, et plus tard... cantinière! moi, je vous offre mon cœur, ma main, mes baguettes et ma peau d'âne. Ça y est-il? (Nicette lui tend la main. On entend fredonner Rémy.)

NICETTE.

Ah! voici Rémy. (Brin-d'Amour remonte la scène pour le voir et revient se placer à gauche.)

SCÈNE X.

BRIN-D'AMOUR, RÉMY, NICETTE.

RÉMY, entrant avec un sac d'argent, à Nicette.
Voilà le magot ! J'ai fait la commission.

BRIN-D'AMOUR, lui tapant sur l'épaule.
Eh bien ! je viens te faire mes adieux, puisque tu le désirais tant... (Il lui serre la main. Rémy cherche à dissimuler le sac et à le faire prendre à Nicette.) Mon cher ami, mon bon Patéchaud.

RÉMY.
Patochard !... Aïe ! vous me serrez comme un étau.

BRIN-D'AMOUR.
Tonnerre !

RÉMY.
Aïe !... (Il tombe sur ses genoux. — Bas à Nicette.) Prenez le sac... (Il se relève.)

BRIN-D'AMOUR.
Je sais tout... et le reste avec ! On est venu m'avertir de l'auberge... et ton affaire est claire, et pas plus tard qu'aujourd'hui, tu vas comparaître devant la balance de *Thémistocle* ; puis après, couic, pendu !

RÉMY, pleurant.
Couic, pendu !

NICETTE, à Brin-d'Amour.*
Mais, vous m'avez promis...

BRIN-D'AMOUR, à Nicette.
Soyez tranquille... Histoire de l'effrayer un tant soit *peutte*.

RÉMY.
Grâce ! je n'y reviendrai plus ! Pendu... couic ! (Portant la main à son cou.) Ça m'étrangle rien que d'y penser.

FINAL.

BRIN-D'AMOUR.
Je veux bien consentir à te laisser la vie,
En l'honneur de Nicett' qui m'accorde sa main.

RÉMY, *avec surprise.*
Quoi ! vous refuseriez, ma Nicette chérie,
Mon cœur et mes écus ?...

NICETTE, *avec un geste de refus.*
Gardez-les, je vous prie.

---

* Brin-d'Amour, Nicette, Rémy.

BRIN-D'AMOUR, *prenant le bras de Nicette.*
Nous allumons demain
La chandell' de l'hymen.

RÉMY, *à part, avec énergie.*
Oh! la femme! quelle nature!
C'est la douceur, la trahison...
C'est de la confiture
Ousqu'on trouv' du poison!

BRIN-D'AMOUR.
Mais toi, Balochard, sers la France,
Et dans nos rangs fais-toi soldat :
Tu tâcheras, par ta vaillance,
De *reparer* ton indigne attentat.

RÉMY.
Eh bien! c'est dit, je me ferai soldat.
(*A part.*)
Puis, je pourrai, près d'elle,
Montrer mes charmes scélérats,
Et me la rendre moins cruelle...
On est fin, ou l'on ne l'est pas!

ENSEMBLE.
RÉMY.
Partons gaîment,
Puisque l'honneur l'ordonne.
Le clairon sonne,
La gloire nous attend!

BRIN-D'AMOUR.
Partons gaîment,
Nouveau fils de Bellone.
Le clairon sonne,
La gloire nous attend!

NICETTE.
Partons gaîment,
Puisque l'amour l'ordonne.
Le clairon sonne,
Le bonheur nous attend!

En ce moment suprême,
Vallon, reçois nos adieux.
Près { de celui / de celle } qu'on aime,
La patrie existe en tous lieux.

Partons gaîment,
Etc., etc.

FIN

Paris. — Typ. Morris et Comp., rue Amelot, 64.

COLLECTION MICHEL LÉVY.

Volumes parus et à paraître. — Format grand in-18, à 1 franc.

A. DE LAMARTINE.
	vol.
Les Confidences	. . 1
Nouv. Confidences	. . 1
Touss. Louverture	. . 1

THÉOPH. GAUTIER
Beaux-arts en Europe	2
Constantinople	. . 1
L'Art moderne	. . 1
Los Grotesques	. . 1

GEORGE SAND
Hist. de ma Vie	. . 10
Mauprat	. . 1
Valentine	. . 1
Indiana	. . 1
Jeanne	. . 1
La Mare au Diable	. . 1
La petite Fadette	. . 1
François le Champi	. . 1
Teverino	. . 1
Consuelo	. . 8
Comt. de Rudolstadt	. . 1
André	. . 1
Horace	. . 1
Jacques	. . 1
Lettres d'un voyag.	. . 1
Lélia	. . 2
Lucrezia Floriani	. . 1
Péché de M. Antoine	. . 2
Le Piccinino	. . 1
Meunier d'Angibault	. . 1
Simon	. . 1
La dern. Aldini	. . 1
Secrétaire intime	. . 1

GÉRARD DE NERVAL
La Bohême galante	. . 1
Le Marq. de Fayolle	. . 1
Les Filles du Feu	. . 1

EUGÈNE SCRIBE
Théâtre (œuv. comp.)	20
Comédies	. . 3
Opéras	. . 1
Opéras comiques	. . 5
Comédies-Vaudv.	10
Nouvelles	. . 1
Historiettes et Prov.	. . 1
Piquillo Alliaga	. . 3

HENRY MURGER
Dern. Rendez-Vous	. . 1
Le Pays Latin	. . 1
Scènes de Campagne	. . 1
Les Buveurs d'Eau	. . 1
Les Amoureuses	. . 1
Propos de ville et propos de théâtre	. . 1
Vacances de Camille	. . 1
Scènes de la Bohême	. . 1
Sc. de la Vie de Jeun.	. . 1

CUVILLIER-FLEURY
Voyag. et Voyageurs	. . 1

ALPHONSE KARR
Les Femmes	. . 1
Encore les Femmes	. . 1
Agathe et Cécile	. . 1
Pr. hors de mon Jard.	. . 1
Sous les Tilleuls	. . 1
Sous les Orangers	. . 1
Les Fleurs	. . 1
Voy. aut. de mon jard.	. . 1
Poignée de Vérités	. . 1
Les Guêpes	. . 6
Pénélope normande	. . 1
Trois cents pages	. . 1
Soirées de S¹º-Adresse	1
Menus-Propos	. . 1

Mme B. STOWE
	vol.
Traduct. E. Forcade.	
Souvenirs heureux	. . 8

CH. NODIER (Trad.)
Vicaire de Wakefield	. 1

LOUIS REYBAUD
Jérôme Paturot	. . 1
Paturot-République	. . 1
Dern. des Commis-Voyageurs	. . 1
Le Coq du Clocher	. . 1
L'Indust. en Europe	. . 1
Ce qu'on voit dans une rue	. . 1
La Comt. de Mauléon	. . 1
La Vie à rebours	. . 1

FRÉDÉRIC SOULIÉ.
Mémoires du Diable	. . 2
Les Deux Cadavres	. . 1
Confession Générale	. . 2
Les Quatre Sœurs	. . 1

Mme É. DE GIRARDIN
Marguerite	. . 1
Nouvelles	. . 1
Vicomte de Launay	. . 4
Marq. de Pontanges	. . 1
Poésies complètes	. . 1
Cont. d'une v. Fille	. . 1

ÉMILE AUGIER
Poésies complètes	. . 1

F. PONSARD
Études Antiques	. . 1

PAUL MEURICE
Scènes du Foyer	. . 1
Les Tyrans de Village	1

CH. DE BERNARD
Le Nœud gordien	. . 1
Gerfaut	. . 1
Un homme sérieux	. . 1
Les Ailes d'Icare	. . 1
Gentilhom. campagn.	. . 2
Un Beau-Père	. . 2
Le Paravent	. . 1

HOFFMANN
Trad. Champfleury.	
Contes posthumes	. . 1

ALEX. DUMAS FILS
Avent. de 4 femmes	. . 1
La Vie à vingt ans	. . 1
Antonine	. . 1
Dame aux Camélias	. . 1
La Boîte d'Argent	. . 1

LOUIS BOUILHET
Melænis	. . 1

JULES LECOMTE
Poignard de Cristal	. . 1

X. MARMIER
Au bord de la Newa	1
Les Drames intimes	. . 1

J. AUTRAN
La Vie rurale	. . 1
Milianah	. . 1

FRANCIS WEY
Les Anglais chez eux	. 1

PAUL DE MUSSET
La Bavolette	. . 1
Puylaurens	. . 1

CÉL. DE CHABRILLAN
	vol.
Les Voleurs d'Or	. . 1

EDMOND TEXIER
Amour et finance	. . 1

ACHIM D'ARNIM
Trad. T. Gautier fils.	
Contes bizarres	. . 1

ARSÈNE HOUSSAYE
Femmes comme elles sont	. . 1

GÉNÉRAL DAUMAS
Le grand Désert	. . 1
Chevaux du Sahara	. . 1

H. BLAZE DE BURY
Musiciens contemp.	. . 1

OCTAVE DIDIER
Madame Georges	. . 1

FELIX MORNAND
La vie Arabe	. . 1

ADOLPHE ADAM
Souv. d'un Musicien.	. 1
Dern. Souvenirs d'un Musicien	. . 1

J. DE LA MADELÈNE
Les Ames en peine	. . 1

MARC FOURNIER
Le Monde et la Coméd.	1

ÉMILE SOUVESTRE
Philos. sous les toits	1
Conf. d'un Ouvrier	. . 1
Au coin du Feu	. . 1
Scèn. de la Vie intim.	1
Chroniq. de la Mer	. . 1
Dans la Prairie	. . 1
Les Clairières	. . 1
Sc. de la Chouannerie	1
Les derniers Paysans	1
Souv. d'un Vieillard	. . 1
Sur la Pelouse	. . 1
Soirées de Meudon	. . 1
Sc. et réc. des Alpes	. . 1
Les Anges du Foyer	. . 1
L'Échelle de Femm.	. . 1
La Goutte d'eau	. . 1
Sous les Filets	. . 1
Le Foyer Breton	. . 2
Contes et Nouvelles	. . 1

LÉON GOZLAN
Château de France	. . 2
Notaire de Chantilly	1
Polydore Marasquin	1
Nuits du P.-Lachaise	1
Le Dragon rouge	. . 1
Le Médecin du Pecq	1
Hist. de 130 femmes	. . 1
La famille Lambert	. . 1

THÉOPH. LAVALLÉE
Histoire de Paris	. . 2

EDGAR POE
Trad. Ch. Baudelaire.	
Histoires extraordin.	1
Nouv. Hist. extraord.	1
Aventures d'Arthur Gordon Pym	. . 1

CHARLES DICKENS
Traduction A. Pichot.	
Neveu de ma Tante	. . 2
Contes et Nouvelles	. . 1

A. VACQUERIE
	vol.
Profils et Grimaces	. . 1

A. DE PONTMARTIN
Contes et Nouvelles	. 1
Mém. d'un Notaire	. . 1
La fin du Procès	. . 1
Contes d'un Planteur de choux	. . 1
Pourquoi je reste à la Campagne	. . 1

HENRI CONSCIENCE
Trad. Léon Wocquier.	
Scèn. de la Vie flam.	2
Le Fléau du Village	. 1
Les Heures du soir	. . 1
Les Veillées flamand.	1
Le Démon de l'Argent	1
La Mère Job	. . 1
L'Orpheline	. . 1
Guerre des Paysans	. . 1

DE STENDHAL
(H. Beyle.)
De l'Amour	. . 1
Le Rouge et le Noir	. . 1
La Chartr. de Parme	. 1

MAX. RADIGUET
Souv. de l'Amér. esp.	1

PAUL FÉVAL
Le Tueur de Tigres	. . 1
Les dernières Fées	. . 1

MÉRY
Les Nuits anglaises	. . 1
Une Hist. de Famille	. 1
André Chénier	. . 1
Salons et Sout. de Paris	1
Les Nuits italiennes	. . 1

ÉDOUARD PLOUVIER
Les Dern. Amours	. . 1

GUST. FLAUBERT
Madame Bovary	. . 2

CHAMPFLEURY
Les Excentriques	. . 1
Avent. de Mlle Mariette	1
Le Réalisme	. . 1
Prem. Beaux Jours	. . 1
Les Souffrances du profess. Delteil	. . 1
Les Bourgeois de Molinchart	. . 1
Chien-Caillou	. . 1

XAVIER AUBRYET
La Femme de 25 ans	. 1

VICTOR DE LAPRADE
Psyché	. . 1

H. B. RÉVOIL (Trad.)
Harems du N.-Monde	1

ROGER DE BEAUVOIR
Chev. de St-Georges	. 1
Avent. et Courtisanes	1
Histoires cavalières	. . 1

GUSTAVE D'ALAUX
Soulouq. et son Emp.	1

F. VICTOR HUGO
(Traducteur.)
Sonn. de Shakspeare	. 1

AMÉDÉE PICHOT
	vol.
Les Poètes amoureux	

ÉMILE CARREY
Huit jours sous l'E...	
quateur	
Métis de la Savane	
Les Révoltés du Par...	

CHARLES BARBARA
Histoir. émouvantes	

E. FROMENTIN
Un Été dans le Sahara	

XAVIER EYMA
Les Peaux-Noires	

LA COMTESSE D...
Les Bals manqués	
Le Jeu de la Rein...	
L'Ecran	

MAX BUCHON
En Province	

HILDEBRAND
Trad. Léon Wocq...	
Scè. de la Vie hollan...	

AMÉDÉE ACHA...
Parisiennes et Pr... vinciales	
Brunes et Blonde...	
Los dern. Marquis...	
Les Femmes honnê...	

A. DE BERNAR...
Le Portrait de la M...	
quise	

CH. DE LA ROUN...
Comédie de l'Amo...	

MAX VALREW
Marthe de Montbru...	

A. DE MUSSE...
GEORGE SA...
DE BALZAC
Le Tiroir du Diab...	
Paris et les Parisie...	
Parisiennes à Par...	

ALBÉRIC SECO...
A quoi tient l'Amo...	

Mme BERTO...
(Née Samson...	
Le Bonheur impos...	

NADAR
Quand j'ét. Étudia...	
Miroir aux Alouet...	

ÉMILIE CARL...
Trad. M. Souves...	
Deux Jeunes Fem...	

LOUIS ULBAC
Les Secrets du Di...	

F. HUGONNE...
Souvenirs d'un C... do Bureau Ara...	

JULES SANDEA...
Sacs et Parchem...	

LOUIS DE CAR...
Drame s. la Terre...	

www.ingramcontent.com/pod-product-compliance
Lightning Source LLC
Chambersburg PA
CBHW060610050426
42451CB00011B/2182